I0069488

INSTRUCTION PUBLIQUE.

FACULTÉ DE DROIT DE STRASBOURG.

ACTE PUBLIC,

SUR

Les dispositions générales relatives au Contrat de mariage et aux droits respectifs des époux,

Soutenu à la Faculté de Droit de Strasbourg, Jeudi 29 Mai 1817, à quatre heures de relevée,

POUR OBTENIR LE GRADE DE LICENCIÉ EN DROIT,

PAR

JEAN COMMENT,

BACHELIER EN DROIT ET ÈS LETTRES,

D'ALTKIRCH (DÉPARTEMENT DU HAUT-RHIN).

STRASBOURG,

De l'imprimerie de Levrault, impr. de la Faculté de Droit.

1817.

A

MON PÈRE

ET

A MA MÈRE.

AMOUR ET RECONNOISSANCE.

J. COMMENT.

M. Hermann, Doyen de la Faculté de Droit, Chevalier de l'Ordre royal de la Légion d'Honneur.

EXAMINATEURS :

MM. Frantz,
Thieriet de Luyton, } Professeurs.
Laporte,
Bloechel, ... Suppléant.

La Faculté n'entend approuver ni désapprouver les opinions particulières aux Candidats.

DES

DISPOSITIONS GÉNÉRALES

RELATIVES

Au Contrat de mariage et aux droits respectifs des époux.

~~~~~~~~

CHAPITRE UNIQUE.

Le mariage est le premier et le plus fort des liens qui rapprochè-rent les hommes. Il est accueilli et respecté chez toutes les nations, comme la source la plus pure et la plus féconde de la propagation du genre humain : c'est lui qui forme les familles, et ce sont les familles qui fondent les états.

Les conventions qui se font à l'occasion du mariage, ne remon-tent point à l'origine de son institution ; elles n'en sont point un accessoire nécessaire. Dans les premiers âges de la société, l'on se marioit sans stipuler de conventions matrimoniales ; et le mariage emportoit communauté de biens, à l'exemple de la communauté de vie.

Mais, lorsque les richesses augmentèrent, lorsque l'égalité des fortunes disparut, et qu'il fallut prendre des précautions contre les vices et l'injustice des hommes, alors les conventions matrimo-niales s'introduisirent dans les sociétés.

L'acte qui règle ces conventions, se nomme contrat de ma-riage, connu, en Droit romain, sous le nom de *pacta dotalia*. (*L.* 23, *tit.* 4, *ff. de pact. dot.*) On peut le définir : l'acte fait

1

avant le mariage, et qui règle les conventions particulières que les époux ou des tiers peuvent faire en faveur ou à l'occasion du mariage, par rapport à leurs biens.

Ce contrat est sans contredit le plus important de la vie civile : il intéresse non-seulement les deux époux, mais encore leurs enfans à naître, des familles entières, et même l'ordre social ; c'est sur la foi des conventions qui y sont stipulées que les familles s'unissent, et qu'il s'en forme de nouvelles.

La loi doit donc lui accorder une faveur spéciale ; elle doit consacrer le principe de la plus grande liberté dans les conventions de mariage, et ne rien admettre qui puisse blesser l'institution fondamentale, ou ralentir ce penchant naturel qui dirige les hommes vers le mariage.

Cependant la volonté des parties ne sauroit être indéfinie dans toutes les circonstances ; elle a besoin d'être éclairée toujours et suppléée quelquefois : de là la nécessité d'une loi.

Avant le Code civil, la législation sur les conventions matrimoniales n'étoit point uniforme dans toute la France ; l'on y distinguoit deux grands systèmes, dont les règles étoient absolument différentes : le système de la communauté, et le système dotal. Les provinces coutumières, excepté la Normandie, l'Auvergne et Reims, étoient gouvernées par la communauté, et l'on vivoit sous le régime dotal dans les pays de Droit écrit.

Le premier état de la législation romaine portoit l'empreinte des temps barbares dans lesquels elle prit naissance. Une inégalité choquante existoit entre les deux sexes : les femmes, cette moitié intéressante de la société, étoient incapables de succéder ; elles n'apportoient rien à leurs maris, qui les recevoient sous la formule d'une vente, et cette espèce de contrat étoit appelé *mariage par achat.*

Mais, dès qu'on eut fait quelques pas vers la civilisation, les lois se perfectionnèrent, et les femmes furent rendues habiles à succéder. Alors on vit s'établir le régime dotal : c'est NUMA qui fut son fondateur, et AUGUSTE, CONSTANTIN et JUSTINIEN le perfectionnèrent successivement.

La communauté conjugale, qui avoit lieu dans la plupart des pays de coutumes, est un droit fort ancien, dont on ne connoît pas l'origine ni la manière dont il a été introduit. Quelques-uns soutiennent qu'il existoit chez les anciens habitans des Gaules, lorsqu'ils jouissoient de leur liberté, et qu'ils ne faisoient point usage de lois écrites. D'autres prétendent que les pays coutumiers, qui sont plus voisins de l'Allemagne que les pays de Droit écrit, ont emprunté cet usage des anciens Germains.

Ces deux systèmes, également recommandables par l'ancienneté de leurs règnes, et par la force et la ténacité des habitudes qu'ils avoient formées, présentoient au nouveau législateur de grandes difficultés pour statuer sur cette matière.

Il ne pouvoit, sans renverser tout le principe d'uniformité si constamment suivi dans notre législation, soumettre les habitans des pays coutumiers au régime de la communauté, et ceux des pays de Droit écrit au régime dotal. Cependant il eût été de la plus grande injustice de se montrer trop sévèrement jaloux de cette uniformité, et de proscrire l'un des deux systèmes, pour donner à l'autre un empire exclusif et absolu. « On sentit la nécessité « (dit DUVEYRIER dans son rapport) ou, ce qui est à peu près de « même, la convenance politique de n'arracher violemment à « aucun François, dans les conventions de mariage, ses usages « anciens et chéris, pour lui imposer le joug d'une législation « nouvelle, inaccoutumée et par conséquent importune. »

Le parti le plus sage qu'il y avoit à prendre, étoit de conserver les deux systèmes législatifs, en les soumettant au choix des parties contractantes.

Mais il est assez fréquent que l'on se marie sans faire précéder de conventions particulières l'acte civil du mariage ; dans ce cas , la loi doit nécessairement régler les droits respectifs des époux : il fallut donc établir un Droit commun.

On avoit à décider ici auquel des deux systèmes on donneroit la préférence. Après la plus vive discussion sur les avantages et les inconvéniens de chacun de ces systèmes, la communauté triompha, et fut proclamée Droit commun de la France. (C. civ. art. 1393.) On l'appelle communauté légale, parce que la loi seule en règle les conditions, les biens qui doivent y entrer, la manière dont elle doit être administrée, et celle dont on doit faire le partage, lorsqu'elle vient à se dissoudre. (C. civ., art. 1400 et suiv.)

SECTION PREMIÈRE.

Des différentes modifications apportées par la loi à la volonté des contractans.

Le contrat de mariage a toujours été regardé comme susceptible de la plus grande faveur : aussi a-t-il été constamment permis d'y insérer des stipulations qui eussent été prohibées partout ailleurs.

Cette disposition se trouve consacrée dans la loi sur les donations entre-vifs et les testamens, où l'on voit que les donations des biens présens et à venir, ou à la charge de payer indistinctement toutes les dettes du donateur, etc., les institutions contractuelles, sont permises en contrat de mariage (C. civ., art. 1082 et suiv.), et non autrement (C. civ., art. 943 et suiv.).

C'est ainsi que l'on voit encore, par l'article 1398, que le mineur, habile à contracter mariage, est habile à consentir toutes les conventions dont ce contrat est susceptible; mais le même article prescrit, pour la validité des conventions et donations qu'il y a faites, une condition essentielle, dont je parlerai en traitant de la forme du contrat de mariage.

Les parties sont libres de faire toutes les stipulations qu'elles jugeront convenables à leurs intérêts, pourvu qu'elles ne soient pas contraires aux bonnes mœurs (C. civ., art. 1387) : *pacta, quæ turpem causam continent, non sunt observanda* (*L.* 27 , *ff. de pact.*); à l'ordre public (C. civ., art. 1387) : *jus publicum privatorum pactis mutari non potest* (*L.* 38 , *ff. de pact.*); ni aux dispositions prohibitives du Code civil (art. 1388).

Le Code, en parlant des dispositions prohibitives, entend celles qui concernent l'ordre général, et non celles qui ne touchent que des intérêts privés. Cela signifie seulement que les conventions des parties ne pourroient valider des actes déclarés nuls et illicites par la loi.

Telles sont les dispositions des articles 1399, 1453, 1521, 2140, etc.

Il résulte du principe prohibitif des stipulations contraires à l'ordre public, qu'il ne peut être dérogé, même par contrat de mariage,

1.° Aux droits résultant de la puissance maritale sur la personne de la femme et des enfans, ou qui appartiennent au mari comme chef. On ne peut donc stipuler que la femme n'aura pas le même domicile que son mari (Cod. civ., art. 214); qu'elle pourra ester en jugement, aliéner, hypothéquer, sans son consentement (Cod. civ., art. 215, 217); qu'elle administrera la communauté (Cod. civ., art. 1421), etc.; et le mari ne peut même se dépouiller, de son seul consentement, de l'administration de ses biens (arrêt de la Cour de cassat. du 7 Septembre 1808).

2.° Aux droits conférés au survivant des époux par le titre de la puissance paternelle. Ainsi l'on ne peut stipuler que la mère survivante n'aura pas la puissance paternelle (Cod. civ., art. 371 et suiv.); qu'elle l'aura pendant le mariage (Cod. civ., art. 373); qu'elle n'aura pas, après la dissolution du mariage, la jouissance des biens de ses enfans jusqu'à l'âge déterminé par la loi (Cod. civ., art. 384); etc.

3.° Aux droits conférés au survivant des époux par le titre de

la minorité, de la tutelle et de l'émancipation. Ainsi l'on ne peut
convenir que la mère survivante ne sera pas tutrice de ses enfans
mineurs (Cod. civ., art. 390); qu'elle n'aura pas le droit de les
émanciper (Cod. civ., art. 477); etc.

4.° A l'ordre légal des successions, par une renonciation ou par
une convention quelconque, soit par rapport aux époux eux-mêmes
dans la succession de leurs enfans ou descendans, soit par rapport
à leurs enfans entre eux; sans préjudice cependant des donations
entre-vifs ou testamentaires qui peuvent avoir lieu selon les formes
et dans les cas déterminés par le Code (Cod. civ., art. 1389).
Ainsi l'on ne pourroit stipuler qu'un des enfans venant à mourir,
sa succession appartiendra en entier à l'un des époux (Cod. civ.,
art. 748); que les filles ne prendront pas part aux successions de
leurs père et mère (Cod. civ., art. 745); que les successions de tous
les enfans qui viendront à mourir, appartiendront à l'aîné (Cod.
civ., art. 750, 751). Ainsi l'on ne peut, par contrat de mariage,
renoncer à la succession d'un homme vivant, ni aliéner les droits
éventuels qu'on peut avoir à cette succession (Cod. civ., art.
791, 1130); etc.

Lorsque, par contrat de mariage, les époux renoncent à se
faire des dons autorisés par la loi, sans dénommer ou désigner
une tierce personne au profit de laquelle soit cette renonciation,
la renonciation ne présente qu'une simple abnégation, sans objet,
de la faculté de disposer, qui ne peut être rangée dans la classe
des conventions obligatoires (arrêt de la Cour de cassat. du 31
Juillet 1809).

Les futurs époux, en faisant écrire les conventions qui sont à
leur gré, doivent spécifier clairement et en détail ce qu'ils veulent,
sans se rapporter généralement à des coutumes, lois ou statuts
locaux, qui régissoient ci-devant les diverses parties du territoire
françois, et qui sont abrogés par le Code civil (art. 1390).

Si l'on avoit permis de tels référés, on auroit perpétué l'existence de ce grand nombre de lois et de coutumes, et manqué le but qu'on s'étoit proposé, de donner une loi uniforme à la France. Rien n'empêche d'ailleurs que les parties ne puissent en détail modeler leurs conventions sur telle loi ou coutume qu'elles jugeront à propos, pourvu que les dispositions qu'elles adoptent, ne soient pas contraires au Code civil. Si l'on inséroit, par exemple, dans un contrat de mariage, une autorisation générale en faveur de la femme, pour aliéner ses biens ou les hypothéquer, cette stipulation seroit nulle (Cod. civ., art. 223), quoiqu'avant notre Code elle fût valable dans plusieurs coutumes.

Le texte de l'article 1390 particularise la prohibition que l'article 7 de la loi du 30 Ventôse an 12 avoit déjà généralisée pour toute espèce de cas sur lesquels il a été statué par le Code.

Cependant il est permis aux époux de déclarer, d'une manière générale, qu'ils entendent se marier ou sous le régime de la communauté ou sous le régime dotal (Cod. civ., art. 1391).

Cette disposition ne sauroit présenter aucun inconvénient ; car on a eu soin d'organiser les deux systèmes, c'est-à-dire, de tracer séparément et les règles qui s'adaptent le mieux au régime de la communauté, et celles qui ont paru le mieux convenir au régime dotal.

On peut donc dire actuellement que la législation matrimoniale de la France ne se compose plus que de deux coutumes, dont la domination exclusive ne dépend que de la volonté des époux eux-mêmes, qui, quel que soit leur choix, trouvent dans la loi un guide sûr et fidèle des conventions qu'ils veulent adop'er, et s'ils veulent y déroger en quelques points, le soin du rédacteur se borne à exprimer les modifications dictées par la volonté particulière des contractans.

Le nouveau Code établit une différence importante entre l'ancien régime dotal et le nouveau. Autrefois, dans les pays de Droit écrit, ce régime résultoit de la simple constitution de dot. Aujourd'hui il en est autrement, et l'effet d'une pareille constitution seroit de donner au mari l'administration et la jouissance des biens de la femme ; mais ces biens ne seroient pas inaliénables : pour les rendre tels, il faut que, dans le contrat de mariage, il soit dit expressément que l'intention des époux est de vivre sous le régime dotal. Aucune autre clause ne peut remplacer celle-là (Cod. civ., art. 1392). En effet, ce régime ne tire pas son nom de la constitution de dot; car il peut exister sans qu'il y ait eu de dot constituée (Cod. civ., art. 1575), et il y a également dot dans le système de la communauté (Cod. civ., art. 1540) : on le nomme ainsi, parce que la dot, quand il y en a une, y est considérée sous un rapport particulier ; c'est l'inaliénabilité des biens dotaux qui forme le caractère essentiel et distinctif du régime dotal.

Autrefois, en pays coutumiers, lorsque les époux stipuloient exclusion de la communauté, ou même lorsque, la communauté existant, la femme avoit des biens qui n'y étoient pas compris, le régime dotal devenoit la règle de leur société conjugale. Il n'en est plus de même sous la nouvelle loi, qui déclare formellement que la simple déclaration faite par les époux, qu'ils se marient sans communauté, ou qu'ils seront séparés de biens, n'emportera pas soumission au régime dotal (Cod. civ., art. 1392). Elle a tracé, dans une section séparée, des règles particulières à cette espèce de convention. (Cod. civ., art. 1529 et suiv.)

SECTION II.

De la forme du contrat de mariage.

Si, d'un côté, la loi favorise, autant que possible, les conventions matrimoniales, elle veut avoir la certitude que celles qu'on lui présente sont réellement des conventions de ce genre, c'est-à-dire, des conventions sans lesquelles on doit présumer que le mariage n'eût pas eu lieu.

De là il résulte qu'elle ne reconnoît comme telles que celles qui ont été rédigées avant le mariage ; et pour qu'il n'y ait aucun doute à cet égard, elles doivent être passées devant notaires (Cod. civ., art. 1394). Le premier de ces principes, conforme d'ailleurs au Droit coutumier (Cout. d'Orléans, art. 202), déroge à la loi romaine, qui dit : *Pacisci post nuptias, etiam si nihil ante convenerit, licet* (*L.* 1, *ff. de pact. dot.*) ; le second abroge l'usage ordinaire des pays de Droit écrit, et même de la Normandie, de passer les contrats de mariage sous seing privé. Si, par cette disposition, on prive les familles de l'avantage d'épargner des frais de rédaction et d'enregistrement, elles en sont bien dédommagées par le nombre de fraudes qu'on prévient, et par la garantie qu'on donne aux droits et à la fortune des époux et de leurs enfans.

Ainsi un contrat de mariage sous-signature privée ne produiroit aucun des effets que la loi attribue à cette espèce de contrats ; les conventions qu'il contiendroit seroient nulles ; il seroit comme s'il n'existoit pas. Seulement, si un pareil acte contenoit une reconnoissance d'une dot comptée et reçue, il vaudroit comme quittance à l'égard de ceux qui l'auroient souscrit. (V. Bernardi, dans son Commentaire, p. 22.)

Le Code de commerce astreint encore à d'autres formalités les contrats de mariage des commerçans : ils doivent être transmis, par extrait, dans le mois de leur date, aux greffes et chambres désignés par l'article 872 du Code de procédure civile, pour être exposés au tableau, conformément au même article. (C. de comm., art. 67 et suiv.)

Le vœu du nouveau législateur étant que les conventions matrimoniales soient rédigées avant le mariage, il s'ensuit nécessairement qu'elles ne peuvent recevoir aucun changement après la célébra-

2

tion (Cod. civ., art. 1395). Pothier dit que les conventions de mariage sont tellement irréformables après la célébration, que les parties ne peuvent se réserver, même par leur contrat de mariage, la faculté de changer ou de réformer quelqu'une de ces conventions. (V. Traité de la comm., introd. n.° 19.)

Lorsque le mariage est célébré, les parties ne peuvent donc plus changer les conventions faites dans leur contrat; elles ne peuvent plus renoncer au régime qu'elles ont adopté, pour en adopter un autre; il ne leur est plus permis de se faire d'autres avantages que ceux qui sont autorisés pendant le mariage ou par la loi sur les testamens.

Mais la disposition prohibitive de l'article 1595 s'étend-elle à l'augmentation de la dot? Cette question est décidée négativement dans le Droit romain : *Dotes, constante matrimonio, non solum augentur, sed etiam fiunt.* (*L. ult. Cod. de donat. ante nupt.*) Elle a été discutée au Conseil d'État, et résolue d'abord conformément au Droit romain : on disoit que ce n'étoit pas une convention nouvelle, et que rien ne s'opposoit à la validité de cette augmentation. Mais on reconnut ensuite qu'il pourroit en résulter des fraudes envers les créanciers du mari, et le contraire fut expressément décidé par l'article 1543.

Cependant les dispositions faites par contrat de mariage en faveur d'autres personnes que les époux, sans acceptation, sont révocables. (Arrêt de la Cour de cass. du 9 Juillet 1806.)

Si de justes motifs ont déterminé le législateur à défendre les changemens après la célébration du mariage, il n'a trouvé aucun inconvénient à les permettre dans l'intervalle qui s'écoule depuis la passation de l'acte jusqu'au moment de la célébration; mais il a pris toutes les précautions nécessaires pour ne point porter préjudice à l'intérêt des parties, et pour prévenir toute supercherie entre elles.

C'est pourquoi les changemens qui seroient faits avant la célébration, doivent être constatés par acte passé dans la même forme
que le contrat de mariage; ils ne peuvent donc être faits sous seing
privé. Il faut encore, pour la validité de ces changemens, qu'ils
soient faits en présence et avec le consentement simultané de
toutes les personnes qui ont été parties dans le contrat. (C. civ.,
art. 1396.) En effet, tout est corrélatif dans cette matière : tel ne
donne au mari, que parce que tel autre donne à la femme; il
seroit trompé si cet autre révoquoit sa donation sans son consentement. Ce consentement doit être simultané, parce que, si chaque
partie pouvoit donner son avis séparément, il arriveroit que, n'étant
appuyée sur personne pour s'opposer aux changemens qu'on vou-
droit faire au contrat de mariage, elle n'auroit souvent pas assez
d'énergie pour déclarer sa volonté; tandis que, si toutes les personnes se trouvent réunies, il y a alors bien moins de foiblesse à crain-
dre de la part de chacune : leur réunion les rend toutes plus fortes,
et le consentement qu'elles donnent est toujours la suite d'une volonté mûre et délibérée. D'ailleurs on seroit toujours dans l'incer-
titude sur la perfection du contrat; et la validité d'un acte aussi
important dépendroit de la volonté du dernier consulté : il lui
seroit libre de détruire après-coup ce qu'il auroit peut-être ap-
prouvé, s'il eût été réuni aux autres parties.

Autrefois, dans plusieurs coutumes et notamment dans celles
de Paris et d'Orléans, on exigeoit même, pour la validité des
changemens, le consentement et la présence des personnes qui
n'avoient assisté au contrat de mariage que par honneur, bien-
séance, ou par amitié, et qui avoient signé le contrat sans y stipuler, sans s'obliger en aucune manière. Le nouveau législateur,
toujours prudent, sans prescrire jamais des conditions inutiles,
n'exige avec raison que la présence et le consentement simultané
de toutes les parties.

Telles sont les précautions qu'on a prises pour garantir l'intérêt des parties ; mais il falloit aussi pourvoir à celui des tiers, et prévenir les fraudes qu'on pourroit pratiquer à leur préjudice en opérant clandestinement, dans le contrat de mariage, des changemens dont on leur laisseroit ignorer le contenu.

En conséquence le Code (art. 1397), en dérogeant à la loi du 22 Frimaire an 7, sur le timbre, qui défend de mettre deux actes l'un à la suite de l'autre, veut que tous changemens et contre-lettres, même revêtus des formes prescrites par l'article 1396, soient sans effet à l'égard des tiers, s'ils n'ont été rédigés à la suite de la minute du contrat de mariage ; et que le notaire ne puisse, à peine des dommages-intérêts des parties, et sous plus grande peine, s'il y a lieu, délivrer ni grosses ni expéditions du contrat de mariage sans transcrire à la suite le changement ou la contre-lettre.

On appelle contre-lettres, toutes les conventions qui attaquent la substance ou teneur du contrat de mariage, qui en détruisent les clauses, qui les altèrent, les diminuent ou y dérogent.

Il résulte de la seconde disposition de l'article 1397 que, si le notaire négligeoit de transcrire à la suite de l'expédition du contrat une contre-lettre mise à la suite de la minute, cette contre-lettre n'en seroit pas moins valable, même à l'égard des tiers, et que ceux-ci auroient seulement leur recours contre le notaire, pour être indemnisés, dans le cas où le défaut de transcription leur auroit porté préjudice.

On a vu déjà que le mineur habile à contracter mariage étoit aussi habile à consentir toutes les conventions dont ce contrat est susceptible. Il seroit, en effet, bien étrange que celui qui dispose de sa personne, ne pût, dans cette occasion, disposer de ses biens. Mais, pour que les conventions et donations qu'il y a faites soient valables, il faut qu'il ait été assisté, dans le contrat, des personnes dont le consentement est nécessaire pour la validité du mariage.

Le Code déroge ici sagement à l'ancienne jurisprudence, qui avoit consacré la maxime, *habilis ad nuptias*, *habilis ad omnia pacta nuptiarum ;* mais, quand le mineur avoit fait, dans son contrat de mariage, des donations extraordinaires, il étoit restitué. (LOUET, lett. m., n.° 9.)

FIN.

www.ingramcontent.com/pod-product-compliance
Lightning Source LLC
Chambersburg PA
CBHW050405210326
41520CB00020B/6469